쓱 읽고 딱 아는 속담

글 네모랑 그림 네모칸

예림당

쓱 읽기만 했는데 뜻을 딱 알게 되는 재미난 속담책

속담은 삶의 교훈을 담아 딱 한 줄로 짧게 표현한 말이에요. 오랫동안 전해 내려온 속담에는 옛 조상들이 터득한 삶의 보편적 가치, 생활 속 지혜가 담겨 있기 때문에 알아두면 인생을 살아가는 데 유익한 길잡이가 되어요.

속담은 사물이나 상황에 대한 비유가 많아 사건의 앞뒤를 파악하고 그 뜻을 헤아리면 이해하기 쉬워요. 하나네 가족의 우당탕탕 일상을 통해 속담의 번뜩이는 속뜻을 알아보세요. 그리고 속담 한 마디로 내 생각을 표현해 보세요. 친구에게 '말조심해.'라고 말하기보다 '발 없는 말이 천 리 가는 거야.'라고 재치 있게 표현하는 거예요.

속담 가족을 소개합니다

아빠
세 자녀를 아끼고 엄마를 졸졸 따라다니는 사고뭉치 허당이에요.

정하나
달리기와 추리를 잘하고 수학과 청소는 싫어해요.

엄마
집안 서열 1위로 회사 일과 집안일 모두 야무지게 해내요.

정두나
하나와 만나기만 하면 으르렁대는 동생이에요.

정세돌
가족의 귀여움을 독차지하고 있는 집안의 막내예요.

멍키
누님들에게 충성하는 강아지. 알고 보면 은근히 츤데레예요.

치타
길 고양이 시절 하나가 데려온 속정 깊은 고양이예요.

송이
하나의 단짝으로 순수하고 착해요.

나 부장
일밖에 모르며 때론 엄격하지만 귀여운 면이 있어요.

박 사원
입사한 지 얼마 안 되어 열정이 가득해요.

서 과장
아빠와 나이는 같지만 일찍 진급한 입사 동기예요.

차례

도토리 키 재기	8
가지 많은 나무에 바람 잘 날 없다	10
가는 날이 장날	12
수박 겉 핥기	14
호랑이도 제 말 하면 온다	16
쇠귀에 경 읽기	18
밑 빠진 독에 물 붓기	20
빛 좋은 개살구	22
같은 값이면 다홍치마	24
뚝배기보다 장맛이 좋다	26
마른하늘에 날벼락	28
시작이 반이다	30
하늘이 무너져도 솟아날 구멍이 있다	32
개똥도 약에 쓰려면 없다	34
감나무 밑에 누워서 홍시 떨어지길 기다린다	36
울며 겨자 먹기	38
얌전한 고양이 부뚜막에 먼저 올라간다	40
닭 쫓던 개 지붕 쳐다보듯	42
까마귀 날자 배 떨어진다	44
세 살 적 버릇이 여든까지 간다	46
물에 빠지면 지푸라기라도 잡는다	48
뒷간 갈 적 마음 다르고 올 적 마음 다르다	50

떡 본 김에 제사 지낸다	52
개구리 올챙이 적 생각 못 한다	54
제 꾀에 제가 넘어간다	56
하나를 보고 열을 안다	58
가재는 게 편	60
뛰는 놈 위에 나는 놈 있다	62
배보다 배꼽이 더 크다	64
아닌 밤중에 홍두깨	66
따 놓은 당상	68
길고 짧은 것은 재어 보아야 안다	70
까마귀 고기를 먹었나	72
바늘 가는 데 실 간다	74
참새가 방앗간을 그저 지나랴	76
불난 집에 부채질한다	78
꿩 대신 닭	80
다 된 죽에 코 풀기	82
마파람에 게 눈 감추듯	84
칼로 물 베기	86
보기 좋은 떡이 먹기도 좋다	88
자라 보고 놀란 가슴 솥뚜껑 보고 놀란다	90
늦게 배운 도둑이 날 새는 줄 모른다	92
티끌 모아 태산	94

선무당이 사람 잡는다	96
금강산도 식후경	98
호랑이 없는 골에 토끼가 왕 노릇 한다	100
소문난 잔치에 먹을 것 없다	102
구슬이 서 말이라도 꿰어야 보배	104
가랑비에 옷 젖는 줄 모른다	106
사촌이 땅을 사면 배가 아프다	108
떡 줄 사람은 꿈도 안 꾸는데 김칫국부터 마신다	110
사공이 많으면 배가 산으로 간다	112
가는 말이 고와야 오는 말이 곱다	114
고양이 목에 방울 달기	116
고슴도치도 제 새끼가 제일 곱다고 한다	118
고생 끝에 낙이 온다	120
고래 싸움에 새우 등 터진다	122
남의 염병이 내 고뿔만 못하다	124
가는 토끼 잡으려다 잡은 토끼 놓친다	126
신선놀음에 도낏자루 썩는 줄 모른다	128
무소식이 희소식	130
소 뒷걸음질 치다 쥐 잡기	132
아끼다 똥 된다	134
의사가 제 병 못 고친다	136
믿는 도끼에 발등 찍힌다	138

번갯불에 콩 볶아 먹겠다	140
개같이 벌어서 정승같이 산다	142
제 눈에 안경	144
재주는 곰이 넘고 돈은 주인이 받는다	146
누워서 떡 먹기	148
매도 먼저 맞는 놈이 낫다	150
콩밭에 가서 두부 찾는다	152
남의 잔치에 감 놓아라 배 놓아라 한다	154
혹 떼러 갔다 혹 붙여 온다	156
꼬리가 길면 밟힌다	158
간에 붙었다 쓸개에 붙었다 한다	160
호박이 넝쿨째로 굴러떨어졌다	162
발 없는 말이 천 리 간다	164
갈수록 태산	166
꿈보다 해몽이 좋다	168
내 코가 석 자	170
백지장도 맞들면 낫다	172
엎어지면 코 닿을 데	174
앓던 이 빠진 것 같다	176
벼 이삭은 익을수록 고개를 숙인다	178
열 손가락 깨물어 안 아픈 손가락이 없다	180
비 온 뒤에 땅이 굳어진다	182

도토리 키 재기

 속담풀이
정도가 고만고만한 사람끼리 서로 다투는 걸 이르는 말이에요.

가지 많은 나무에 바람 잘 날 없다

속담풀이
자식을 많이 둔 부모에게는 근심, 걱정이 그칠 날이 없다는 말이에요.

가는 날이 장날

 속담풀이
어떤 일을 하려고 하는데 뜻하지 않게 잘 풀리지 않을 때 써요.

수박 겉 핥기

 속담풀이
사물의 속 내용은 모르고 겉만 슬쩍 보고 넘긴다는 뜻이에요.

호랑이도 제 말 하면 온다

 속담풀이
다른 사람에 관한 이야기를 하는데 공교롭게 그 사람이 나타나는 경우에 써요.

쇠귀에 경 읽기

 속담풀이
아무리 가르치고 일러 주어도 알아듣지 못하거나 효과가 없을 때 써요.

밑 빠진 독에 물 붓기

 속담풀이
아무리 힘이나 밑천을 들여도 보람이 없고 헛일이 되는 상태를 뜻해요.

빛 좋은 개살구

속담풀이
겉보기에는 맛있어 보이는 개살구에 빗대어 겉만 그럴듯하고 실속이 없을 때 써요.

같은 값이면 다홍치마

 속담풀이
값은 값이면 품질이 좋거나 모양이 더 예쁜 것을 택한다는 말이에요.

뚝배기보다 장맛이 좋다

 속담풀이
겉모양은 보잘것없으나 내용은 훨씬 훌륭함을 뜻해요.

마른하늘에 날벼락

 속담풀이
뜻하지 아니한 상황에서 뜻밖에 입는 재난을 이르는 말이에요.

시작이 반이다

 속담풀이
무슨 일이든 시작이 어렵지 일단 시작하면 일을 끝내기가 어렵지 않다는 뜻이에요.

하늘이 무너져도 솟아날 구멍이 있다

 속담풀이
아무리 어려운 경우에 처하더라도 살아 나갈 방도가 생긴다는 말이에요.

개똥도 약에 쓰려면 없다

 속담풀이
평소에 흔하던 것도 막상 쓰려고 구하면 없다는 말이에요.

감나무 밑에 누워서 홍시 떨어지길 기다린다

 **속담풀이**
아무런 노력도 안 하면서 좋은 결과가 이루어지기만 바랄 때 써요.

여보~!

앞으로 설거지는 전부 내가 하겠어요!

네?!

당신이 웬일로요?

그동안 고생시켜서 미안해요!

이제 설거지에서 해방이에요!

나한테 맡겨 주세요!

뭔가 불안하지만 그럴게요~.

울며 겨자 먹기

 속담풀이
싫은 일을 억지로 마지못하여 함을 비유적으로 이르는 말이에요.

얌전한 고양이 부뚜막에 먼저 올라간다

 속담풀이
겉으로는 얌전해 보이는 사람이 자기 실속을 다 차리는 경우를 말해요.

닭 쫓던 개 지붕 쳐다보듯

 속담풀이
애써 하던 일이 실패로 돌아가거나 남보다 뒤떨어져 어찌할 도리가 없을 때 써요.

까마귀 날자 배 떨어진다

 속담풀이
아무 관계 없이 한 일이 공교롭게도 때가 같아 관계가 있는 것처럼 의심받을 때 써요.

세 살 적 버릇이 여든까지 간다

 속담풀이
어릴 때부터 나쁜 버릇이 들지 않도록 잘 가르쳐야 한다는 뜻이에요.

 속담풀이
위급한 때를 당하면 무엇이나 닥치는 대로 잡고 늘어지게 됨을 이르는 말이에요.

 속담풀이 자기 일이 급한 때는 사정하며 매달리다가 그 일을 마치면 모른 척한다는 말이에요.

지퍼가 있는 거 보니 인형이구나. 다행이야.

강아지 인형, 정말 따뜻하다! 내가 이 은혜를 꼭, 꼭….

그래, 은혜 꼭 갚아.

여, 여긴 어디야?

어디긴! 우리 집이지.

큰누님이 널 키우고 싶대. 널 업고 오느라 삭신이 쑤신다.

너…, 어떻게 말을 해?

인형 아니었어?

아, 지퍼 때문에 오해했구나. 이건 태어날 때부터 있던 무늬야.

떡 본 김에 제사 지낸다

 속담풀이
우연히 운 좋은 기회에, 하려던 일을 해치운다는 뜻이에요.

개구리 올챙이 적 생각 못 한다

 속담풀이
지난날 어렵던 때의 일을 생각지 아니하고 처음부터 잘난 듯이 뽐낼 때 써요.

제 꾀에 제가 넘어간다

속담풀이
꾀를 내어 남을 속이려다 도리어 자기가 그 꾀에 속아 넘어갈 때 써요.

하나를 보고 열을 안다

 속담풀이
일부만 보고 전체를 미루어 안다는 말이에요.

명수 너 숙제 안 했지?

추리 천재 정하나가 터득한 이치!
어떻게 알았어?

하나를 보고 열을 안다!

넌 수학을 1학년 때부터 싫어했지.
마, 맞아!

수학 문제 1번부터 답이 막혔어.

가재는 게 편

 속담풀이
모양이나 형편이 서로 비슷한 것끼리 서로 감싸 준다는 뜻이에요.

뛰는 놈 위에 나는 놈 있다

 속담풀이
아무리 재주가 뛰어나다 하더라도 그보다 더 뛰어난 사람이 있다는 뜻이에요.

배보다 배꼽이 더 크다

 속담풀이
기본이 되는 것보다 덧붙이는 것이 더 많거나 큰 경우에 써요.

오늘은 무슨 날?

외식하는 날!

디저트 카페가 새로 생겼네?

저녁값보다 디저트값이 훨씬 적게 나오겠지?

후 후

당신이 저녁 사요. 내가 디저트 살게요.

그래요!

3만 원입니다.

아닌 밤중에 홍두깨

 속담풀이
별안간 엉뚱한 말이나 행동을 함을 비유적으로 이르는 말이에요.

따 놓은 당상

 속담풀이
일이 확실하여 조금도 틀림이 없음을 이르는 말이에요.

길고 짧은 것은 재어 보아야 안다

 속담풀이
크고 작고, 이기고 지는 건 실제로 겨루어 보거나 겪어야 알 수 있다는 뜻이에요.

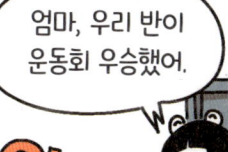

까마귀 고기를 먹었나

 속담풀이
잊어버리기를 잘하는 사람을 놀리거나 나무랄 때 쓰는 말이에요.

 속담풀이
바늘이 가는 데 실이 항상 뒤따른다는 뜻으로, 사람의 긴밀한 관계를 말해요.

참새가 방앗간을 그저 지나랴

속담풀이
자기가 좋아하는 곳은 그대로 지나치지 못하는 경우에 써요.

호동이 어디 있지?

자를 빌려줬는데 아직 못 받았어. 오늘 써야 하는데.

후후, 하나 탐정이 나설 때가 됐군. 어딨는지 알아볼게.

호동이는 틈만 나면 게임을 해.

내가 거기서 몇 번 목격했어. 호동이는 바로…

저기!

똘봇 문구점

 속담풀이
꼭 적당한 것이 없을 때 그와 비슷한 것으로 대신하는 경우에 써요.

다 된 죽에 코 풀기

 속담풀이
거의 다 된 일을 망쳐 버리는 주책없는 행동을 비유적으로 이르는 말이에요.

— 내가 입사했을 땐 컴퓨터가 없어서 다 손으로 했지.

— 그래서 밤새 해도 일이 안 끝났어.

— 부장님, 말씀 중에 죄송한데, 퇴근 시간이 지났습니다.

— 아? 벌써 그렇게 됐나?

— 댁에서 가족들이 기다리지 않습니까?

마파람에 게 눈 감추듯

 속담풀이
음식을 매우 빨리 먹어 치우는 모습을 비유적으로 이르는 말이에요.

 속담풀이
다투었다가도 시간이 조금 지나 다시 좋아지는 경우를 뜻해요.

보기 좋은 떡이 먹기도 좋다

 속담풀이
겉모양새를 잘 꾸미는 것도 필요함을 비유적으로 이르는 말이에요.

자라 보고 놀란 가슴 솥뚜껑 보고 놀란다

 속담풀이
어떤 사물에 몹시 놀란 사람은 비슷한 사물만 보아도 겁을 낸다는 말이에요.

늦게 배운 도둑이 날 새는 줄 모른다

 속담풀이
어떤 일에 남보다 늦게 재미를 붙인 사람이 그 일에 더 열중할 때 써요.

티끌 모아 태산

 속담풀이
아무리 작은 것이라도 모이고 모이면 나중에 큰 덩어리가 됨을 뜻해요.

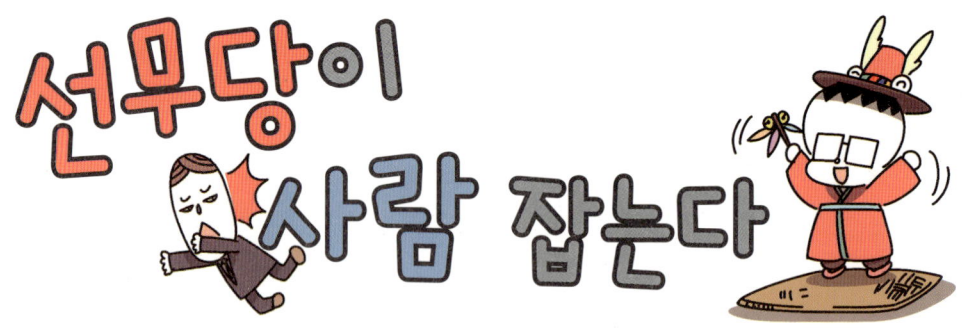

 속담풀이
서툰 능력으로 제구실을 못하면서 함부로 하다가 큰일을 저지르게 될 때 써요.

 속담풀이
재미있는 일이라도 배가 불러야 신나지 배고프면 아무 일도 할 수 없다는 뜻이에요.

호랑이 없는 골에 토끼가 왕 노릇 한다

 속담풀이
힘세고 뛰어난 사람이 없는 곳에서 보잘것없는 사람이 득세한다는 말이에요.

속담풀이 떠들썩한 소문이나 큰 기대에 비하여 실속이 없을 때 쓰는 말이에요.

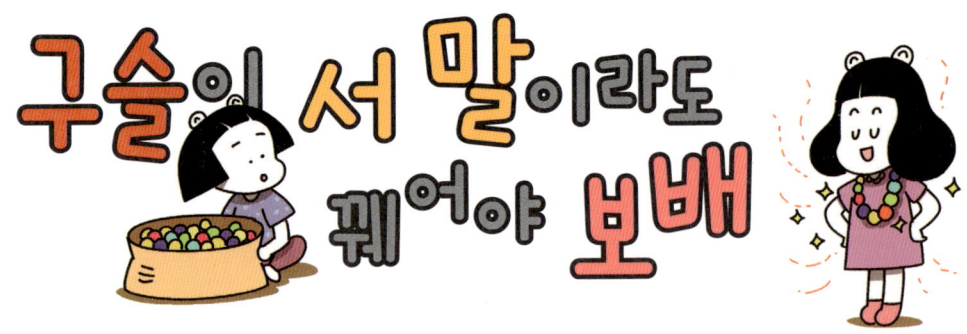

 속담풀이
아무리 훌륭하고 좋은 것이라도 다듬고 정리해야 값어치가 있다는 뜻이에요.

 속담풀이
아무리 사소한 것이라도 그것이 거듭되면 무시하지 못할 정도로 크게 됨을 뜻해요.

사촌이 땅을 사면 배가 아프다

 속담풀이
남이 잘되는 것을 기뻐해 주지는 않고 오히려 질투하고 시기하는 경우에 써요.

떡 줄 사람은 꿈도 안 꾸는데 김칫국부터 마신다

 속담풀이
해 줄 사람은 생각지도 않는데 미리부터 다 된 일로 알고 행동한다는 말이에요.

사공이 많으면 배가 산으로 간다

 속담풀이
여러 사람이 자기주장만 내세워서 일이 제대로 되기 어려울 때 써요.

회의 시작할게요!

부장님은 출장 중입니다.

이럴 때일수록 우리가 회의를 잘해서 멋진 결과를 만들어 봐요!

이번에 신상품으로 출시할 볼펜 샘플이 나왔습니다.

짠, 곰돌이 볼펜! 기탄없이 의견 주세요.

에이~, 곰돌이는 흔해. 요즘 유행은 사자야!

곰은 죽지 않아요!

구려.

가는 말이 고와야 오는 말이 곱다

 속담풀이
자기가 남에게 말이나 행동을 좋게 하여야 남도 자기에게 좋게 한다는 뜻이에요.

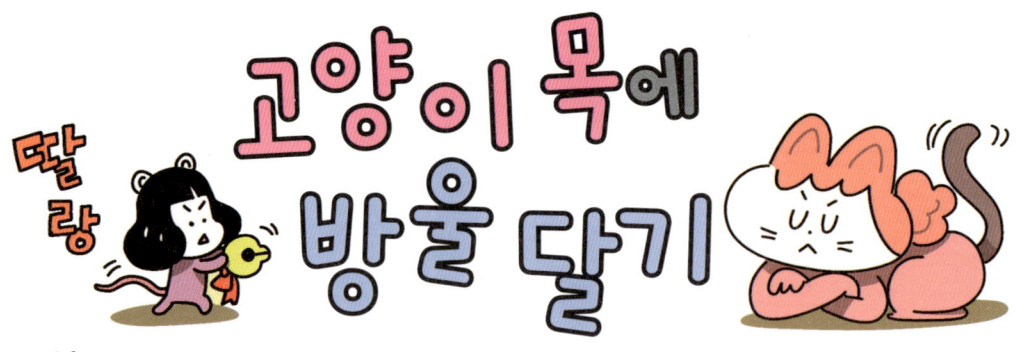

 속담풀이
실행하기 어려운 것을 공연히 의논함을 이르는 말이에요.

고슴도치도 제 새끼가 제일 곱다고 한다

속담풀이
부모 눈에는 제 자식이 다 잘나고 귀여워 보인다는 말이에요.

고생 끝에 낙이 온다

 속담풀이
어려운 일이나 고된 일을 겪은 뒤에는 반드시 즐겁고 좋은 일이 생긴다는 말이에요.

고래 싸움에 새우 등 터진다

 속담풀이
강자들끼리 싸우는 통에 아무 상관도 없는 약자가 중간에 끼어 피해를 입을 때 써요.

남의 염병이 내 고뿔만 못하다

 속담풀이
남의 괴로움이 크다고 해도 자기의 작은 괴로움보다는 마음이 쓰이지 아니할 때 써요.

동물 병원

아옹~.

다 나을 때까지 높은 곳에 올라가면 안 돼요.

치타, 병원에 갔다 왔어?

응.

의사 선생님이 당분간 캣 타워에 올라가지 말래.

그렇게 심해?

그럼 누워서 놀면 되지!

응, 다리가 부러졌대.

장난감 가져올게.

고맙다

잠깐 기다려

가는 토끼 잡으려다 잡은 토끼 놓친다

속담풀이
욕심을 부리다가 이미 차지한 것까지 잃어버리게 됨을 비유적으로 이르는 말이에요.

신선놀음에 도낏자루 썩는 줄 모른다

 속담풀이
아주 재미있는 일에 정신이 팔려서 시간 가는 줄 모르는 경우를 뜻해요.

무소식이 희소식

 속담풀이
소식이 없는 것은 무사히 잘 있다는 말이에요.

속담풀이
우연히 공을 세운 경우를 비유적으로 이르는 말이에요.

 속담풀이
물건을 너무 아끼기만 하다가는 잃어버리거나 못 쓰게 됨을 뜻하는 말이에요.

의사가 제 병 못 고친다

 속담풀이
자신에 관한 일은 자신이 스스로 고치기 어렵다는 뜻이에요.

 속담풀이
믿고 있던 사람이 배반하여 오히려 해를 입었을 때 쓰는 말이에요.

 속담풀이
행동이 매우 민첩함을 비유할 때 쓰는 속담이에요.

개같이 벌어서 정승같이 산다

 속담풀이
돈을 벌 때는 천한 일이라도 하면서 벌고, 쓸 때는 보람 있게 쓰는 경우를 뜻해요.

제 눈에 안경

 속담풀이
보잘것없는 물건이라도 제 마음에 들면 좋게 보인다는 말이에요.

재주는 곰이 넘고 돈은 주인이 받는다

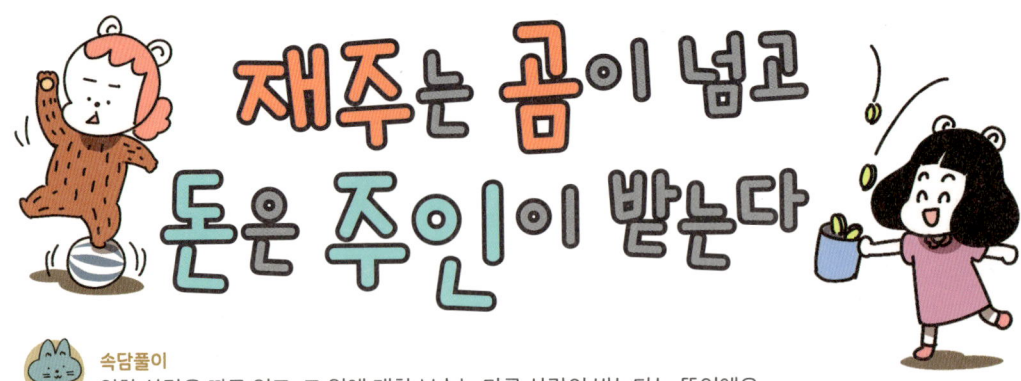

속담풀이
일한 사람은 따로 있고, 그 일에 대한 보수는 다른 사람이 받는다는 뜻이에요.

누워서 떡 먹기

 속담풀이
하기가 매우 쉬운 것을 비유적으로 이르는 말이에요.

매도 먼저 맞는 놈이 낫다

 속담풀이
이왕 겪어야 할 일이라면 아무리 괴롭더라도 먼저 치르는 편이 낫다는 말이에요.

콩밭에 가서 두부 찾는다

 속담풀이
몹시 성급하게 행동함을 비유적으로 이르는 말이에요.

남의 잔치에 감 놓아라 배 놓아라 한다

속담풀이
남의 일에 공연히 간섭하고 나섬을 비유적으로 이르는 말이에요.

혹 떼러 갔다 혹 붙여 온다

 속담풀이
자기의 부담을 덜려고 하다가 다른 일까지도 맡게 된 경우를 뜻해요.

꼬리가 길면 밟힌다

 속담풀이
나쁜 일을 여러 번 계속하면 결국에는 들키고 만다는 뜻이에요.

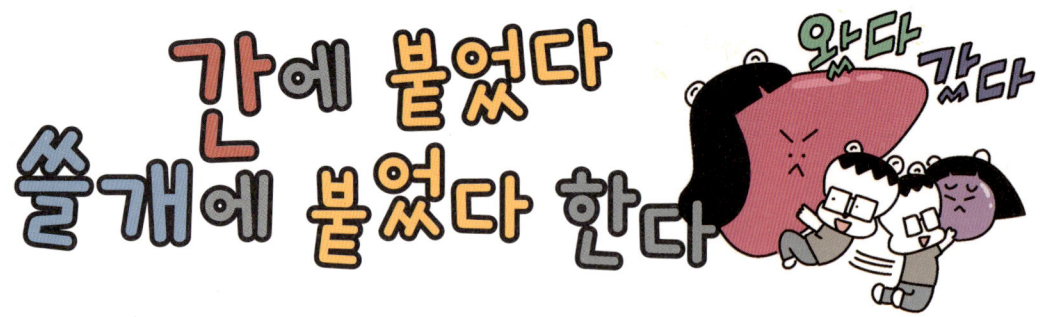

간에 붙었다 쓸개에 붙었다 한다

속담풀이
자기에게 조금이라도 이익이 되면 이편에 붙었다 저편에 붙었다 하는 경우에 써요.

호박이 넝쿨째로 굴러떨어졌다

속담풀이
뜻밖에 좋은 물건을 얻거나 행운을 만났다는 말이에요.

 속담풀이
말은 비록 발이 없지만 천 리 밖까지도 순식간에 퍼진다는 뜻이에요.

갈수록 태산

 속담풀이
갈수록 더욱 어려운 지경에 처하게 되는 경우를 비유적으로 이르는 말이에요.

 속담풀이
하찮거나 언짢은 일을 그럴듯하고 좋게 풀이할 때 쓰는 말이에요.

내 코가 석 자

 속담풀이
내 사정이 급하고 어려워서 남을 돌볼 여유가 없을 때 쓰는 말이에요.

백지장도 맞들면 낫다

 속담풀이
쉬운 일이라도 협력하여 하면 훨씬 쉽다는 말이에요.

엎어지면 코 닿을 데

 속담풀이
매우 가까운 거리를 비유적으로 이르는 말이에요.

앓던 이 빠진 것 같다

 속담풀이
걱정거리가 없어져서 속이 시원할 때 쓰는 말이에요.

벼 이삭은 익을수록 고개를 숙인다

속담풀이
교양 있는 사람일수록 겸손하고 남 앞에서 자기를 내세우려 하지 않는다는 뜻이에요.

- 이번에 과장으로 승진하는 직원은…,
- 디자인 팀 정 대리입니다!
- 저, 정말요? 저 말입니까?
- 감사합니다!
- 그런데 제가 그럴 자격이 될까요?
- 그동안 충분히 능력을 보여 줬어.
- 능숙한 업무 능력이며,
- 축하드려요!

열 손가락 깨물어 안 아픈 손가락이 없다

🐱 **속담풀이**
혈육은 다 귀하고 소중하다는 뜻이에요.

비 온 뒤에 땅이 굳어진다

 속담풀이
어떤 시련을 겪은 뒤에 더 강해짐을 비유적으로 이르는 말이에요.

글 네모랑 그림 네모칸

아이 넷을 키우며 따뜻한 감성을 그리는 부부 만화가입니다. 흰 종이에 그어진 네모 칸 안에 유쾌한 웃음과 짠한 감동을 가득 채우는 재미있는 만화를 그리고자 네모펜스튜디오를 설립했습니다. 네이트에 〈여자의 마음〉 웹툰을 연재했으며, MBC 무한도전 캐릭터 공모전에서 금상을 수상했습니다. 부천육아홍보만화 〈네시네 다이어리〉와 근로복지공단의 〈근로복지 삼국지〉 등을 그렸습니다.

https://nemopen.modoo.at

2021년 12월 1일 1판 2쇄 발행

글 네모랑 그림 네모칸
펴낸이 나춘호 펴낸곳 (주)예림당 등록 제2013-000041호
주소 서울특별시 성동구 아차산로 153 예림출판문화센터
구매문의 전화 561-9007 팩스 562-9007 홈페이지 www.yearim.kr
책임개발 이지안 박진영 디자인 최수정
ISBN 978-89-302-6257-6 74800

ⓒ 2019 예림당
이 책은 저작권법에 따라 보호받는 저작물이므로 무단전재와 무단복제를 금합니다.
이 책의 표지이미지나 내용 일부를 사용하려면 반드시 ㈜예림당의 서면 동의를 받아야 합니다.

이 도서의 국립중앙도서관 출판예정도서목록(CIP)은 서지정보유통지원시스템 홈페이지(http://seoji.nl.go.kr)와 국가자료공동목록시스템(http://www.nl.go.kr/kolisnet)에서 이용하실 수 있습니다.(CIP제어번호: CIP2019047413)

⚠️주의 : 책을 던지거나 떨어뜨리면 다칠 우려가 있으니 주의하십시오.